📖 주제

· 소수와 다수   · 다양성   · 포용력

📖 활용 학년 및 교과 연계

초등과정	1-2 국어	6. 고운 말을 해요
	2-1 국어	8. 마음을 짐작해요
		10. 다른 사람을 생각해요
	4-1 사회	3. 지역의 공공기관과 주민 참여
	4-2 사회	3. 사회 변화와 문화의 다양성
	5-1 사회	2. 인권 존중과 정의로운 사회

외눈박이와 두눈박이 섬

초등 첫 인문철학왕
외눈박이와 두눈박이 섬

초판 1쇄 발행 2023년 3월 30일

글쓴이 엄예현 | **그린이** 남동완 | **해설** 김치헌
기획편집 이정희 | **편집** 김민애 박주원
디자인 문지현 이유리 | **생각 실험 디자인** 김윤현

펴낸이 이경민 | **펴낸곳** ㈜동아엠앤비
출판등록 2014년 3월 28일(제25100-2014-000025호)
주소 (03972) 서울특별시 마포구 월드컵북로22길 21, 2층
전화 (편집) 02-392-6901 (마케팅) 02-392-6900 | **팩스** 02-392-6902
홈페이지 www.moongchibooks.com | **전자우편** damnb0401@naver.com | **SNS** 🅕 🅞 blog

ISBN 979-11-6363-614-4(74100)

※ 잘못된 책은 구입한 곳에서 바꿔 드립니다.
※ 이 책에 실린 사진은 셔터스톡, 위키피디아, 게티이미지뱅크(코리아)에서 제공받았습니다. 그 밖의 제공처는 별도 표기했습니다.

도서출판 뭉치는 ㈜동아엠앤비의 어린이 출판 브랜드로, 아이들의 지식을 단단하게 만들어 주고,
아이들의 창의력과 사고력을 키워 주어 우리 자녀들이 융합형 사고뭉치와 창의뭉치로
성장할 수 있도록 좋은 책을 만들겠습니다.

 소수와 다수

한국 철학교육 학회 추천도서

외눈박이와 두눈박이 섬

글쓴이 **엄예현** 그린이 **남동완**
해설 **한국 철학교육연구원 김치헌**

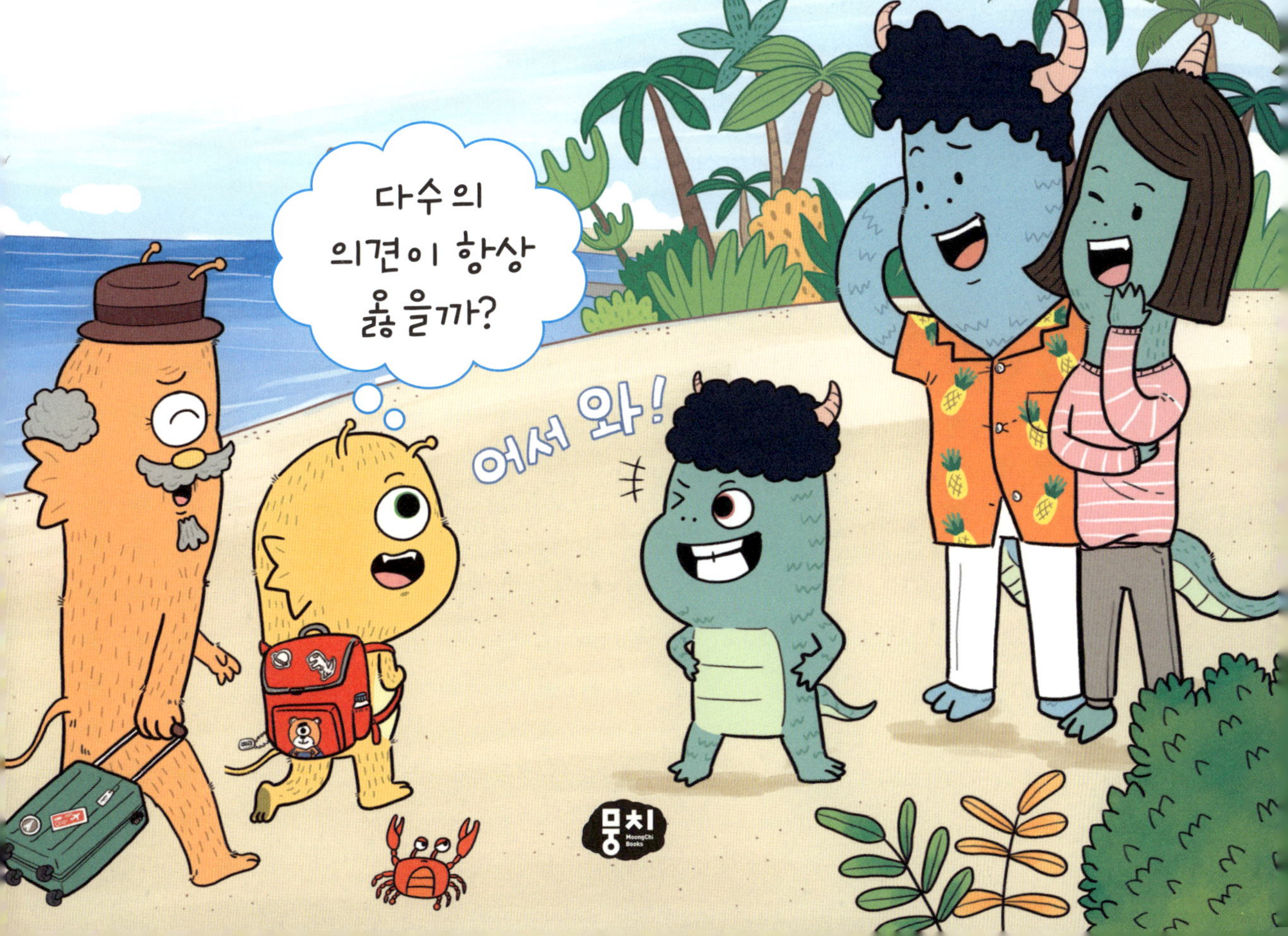

다수의 의견이 항상 옳을까?

어서 와!

뭉치
MoongChi Books

'질문'의 힘! '생각'의 힘!
'미래 인재'로 가는 힘!

어린이와 학부모님들께 《초등 첫 인문철학왕》을 추천할 수 있어서 매우 기쁩니다. 어린이들이 이 시리즈를 통해 '나'에 대해, 나와 공동체 사이의 소통에 대해, 세상의 이치와 진리에 대해 마음껏 질문하고 생각하기를 바라기 때문입니다. 그렇게 되면 창의적으로 문제를 해결하는 힘 또한 커질 수 있다고 믿기 때문이지요.

'제4차 산업혁명의 시대'라는 말처럼 우리는 모든 것이 혁신적으로 변화하는 시대에 살고 있습니다. 스마트폰, 인공 지능, 첨단 로봇 등 새로운 기술과 지식이 나오는 속도도 이전과 비교할 수 없을 정도로 빨라졌지요. 세상에 넘쳐나는 지식과 정보는 이제 누구나 쉽게 구할 수 있고, 개인의 두뇌에 담아낼 수 있는 용량을 넘어선 지 오래입니다. 결국 이 시대의 아이들에게 필요한 것은 지식보다는 그 지식을 다루는 지혜와 창의성 아닐까요?

7차 교육과정 개정 이후 학교 교육도 이러한 시대 흐름에 맞추어 미래 사회가 요구하는 인문학적 상상력과 과학기술 창조력을 두루 갖춘 창의융합형 인재를 양성하는 것을 목표로 합니다.

'철학'은 '지혜를 사랑하는'이란 뜻을 가진 말입니다. 이 학문은 여러분처럼 모든 것에 호기심 많았던 철학자들로부터 시작됩니다. 아주 오래전부터 인간, 사회, 자연, 우주, 진리 등 다양한 분야에서 다른 사람들보다 더 깊이, 더 많이, 그리고 아주 끈질기게 했던 수많은 질문과 탐구를 하며 만들어졌습니다.

마치 높은 곳에 올라가면 마을 전체를 내려다볼 수 있는 넓은 시야를 얻게 되듯이, 철학을 한다는 것은 하나의 문제를 더 큰 눈으로 볼 수 있게 되는 것이랍니다. 그러면 어떤 점이 좋을까요? 더 넓게 보는 눈, 더 깊이 있게 보는 눈, 다른 사람들이 생각하지 못한 부분들을 상상하고 찾아낼 수 있는 눈이 생깁니다. 또 우리 앞의 문제들을 자신만의 창의적인 방법으로 해결할 수도 있고, 그 문제를 해결하다가 다른 더 큰 문제를 발견하여 미리 처리할 수도 있습니다.

《초등 첫 인문철학왕》은 바로 그러한 생각의 눈을 아주 활짝 열어 줄 것입니다. 주제와 관련된 재미있는 동화, 이와 연결된 깊이 있는 인문 해설과 철학 특강, 창의·탐구 활동 등으로 구성된 시리즈는 아이들이 세상에 넘쳐 나는 지식을 지혜롭게 다루는 힘을 길러서, 문제해결력을 갖춘 창의적 인재로 성장할 수 있게 해 줄 것입니다.

그러니 이 책을 읽으며 여러 분야에서 떠오르는 호기심과 질문들을 혼자만 가지고 있지 말고 친구, 가족과도 나누어 보시길 바랍니다. 모두가 질문하고 생각하는 힘이 생긴다면, 어려운 문제들을 함께 해결해 나가는 공동체를 만들 수 있겠지요?

이 책을 읽는 여러분들 모두, 그런 멋진 공동체를 하나둘 만들어 나가는 지혜로운 미래 인재가 되기를 기대합니다.

이지애 드림
(이화여대 철학과 부교수, 한국 철학교육 학회 회장)

초등 첫 인문철학왕
이렇게 활용하세요!

생각 실험

생각 실험은 어떤 사실을 알기 위해 여러 가지 실험과 사례를 연구하는 것이에요. 철학이나 자연 과학 분야 등에서 널리 사용되는 방법이에요. 권마다 주제에 관련된 실험, 유명한 인물의 사례 등을 읽으며 상상력과 문제 해결력을 키워 보세요.

만화 & 동화

인문 철학 주제별로 아이들의 생활 세계 속 이야기, 패러디 동화 등이 다양하게 펼쳐져요. 처음과 중간은 만화, 본문은 그림 동화로 되어 있어서, 재미난 이야기에 푹 빠질 수 있어요.

인문철학왕되기

오랫동안 어린이들과 함께 철학 수업을 연구하고 진행해 온 한국 철학교육연구원 소속 교수와 연구진들이 집필했어요.

소쌤의 철학 특강, 인문 특강, 창의 특강으로 구성되었어요. 주제와 이야기 안에 숨겨진 철학적 문제들에 대해 함께 답을 찾아갈 수 있도록 깊이 있는 토론과 특강, 그리고 재미있는 활동으로 구성되었어요.

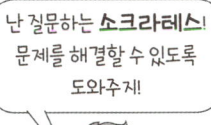

난 질문하는 **소크라테스**! 문제를 해결할 수 있도록 도와주지!

난 **뭉치**. 같이 생각하고 토론하지!

난 늘 창의적인 **새롬**이!

난 생각이 깊은 **지혜**!

교과 연계

각 권마다 최신 개정 교과서 단원과 연계되어 교과 학습에 도움이 되도록 구성되었어요. 권별로 확인하세요.

이 책의 차례

추천사 ·· 4
구성과 활용 ··· 6

생각 실험 다수결의 결과는 정말 다수의 뜻일까? ·········· 10

만화 벼리가 사는 마을 ······························· 20

외눈박이 섬 ··· 22
- 인문철학왕되기1 다르다는 게 뭘까?
- 소쌤의 창의 특강 '다르다'와 '틀리다'

토리를 위하여 ··· 44
- 인문철학왕되기2 의견을 모으는 데 어떤 방법이 있을까?
- 소쌤의 철학 특강 민주주의의 가치를 보여 준 사상가

| 만화 | 다수의 의견은 무조건 옳을까? | 66 |

긴급회의　　　　　　　　　　　　　　　　　72

- 인문철학왕되기3　의견을 잘 모으는 방법이 있을까?
- 소쌤의 철학 특강　두눈박이 섬의 의견 모으기

함께 노래하고 함께 춤추며　　　　　　　　92

- 인문철학왕되기4　만일 나라면?
- 쓰기활동　외눈박이 섬사람들에게 편지 쓰기

다수결의 결과는 정말 다수의 뜻일까?

지혜네 반 학급 회장 투표에 **세 명의 친구가 후보**로 나섰어요. 투표 결과는 다음과 같았습니다.

다수결 원칙에 따라 **친구 A가 학급 회장**이 되었습니다

그런데 투표가 끝난 후 동규가 친구들에게 말했습니다.
"우리 반 친구 31명 중 A를 선택한 사람은 12명이지만,
A를 선택하지 않은 사람이 19명이야.
**절반이 훨씬 넘는 친구가 A를 선택하지 않았는데도
결국 A가 회장이 된 거야.** 다수결의 결과가
과연 우리 반 친구 다수의 뜻과 같다고 할 수 있을까?"

채린이가 말했습니다.
"다수결은 여러 후보 중에서 **가장 많은 지지를 받는 사람이 누구인지를 확인하는 방법**이야.
그러니 가장 많은 표를 받은 A가 다수결 원칙에 따라 회장이 되는 것은 이상하지 않아."

가장 많은 표를 얻은 사람이 당선되는 건 당연해.

그러자 동규가 다시 말했습니다.
"하지만 이번 학급 회장 선거처럼 **다수결 결과에 다수의 뜻이 제대로 담기지 못할 수**도 있을 것 같은데…….
다수의 뜻이 더 잘 드러나는 다른 방법이 필요하지 않을까?"

$31 \div 2 = 15.5$
즉, 최소 16명 이상의 표를 받아야 다수의 의견이 반영된 게 아닐까?

예를 들어 노래 경연 대회에서 1등을 뽑는다고 했을 때 선정 기준에 따라 결과가 달라질 수 있어요.

심사 위원 \ 가수	A	B	C
	③	2	1
	③	2	1
	③	1	2
	1	③	2
	1	③	2
	1	2	③
	1	2	③
합계	13	15	14

만약 심사 위원들의 최고점(3점)을 가장 많이 받은 가수를 1등이라고 하면 A가 뽑히겠지요. 그런데 합계 점수가 가장 높은 가수가 1등이라고 하면 B가 뽑히게 될 거예요.

이러한 한계를 극복하고 다수의 뜻이 잘 반영되도록 하기 위해 사용하는 투표 방법이 있습니다.
대표적인 방법이 **'결선 투표 제도'**입니다.

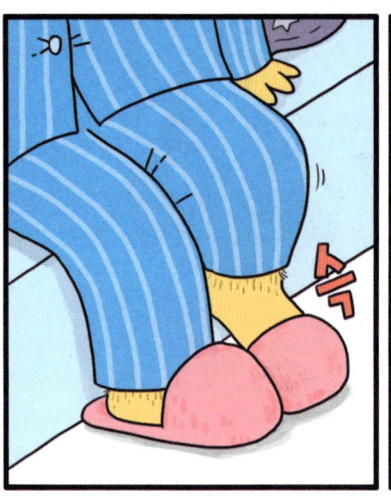

벼리가 사는 곳은 각자 특성을 가진 여러 개의 섬으로 이뤄져 있습니다.

외눈박이 섬

"벼리야, 뒤로 조금만 물러서서 보자."

선생님이 벼리 옷을 살짝 당겼습니다. 박물관 전시물에서 눈을 떼지 못하던 벼리가 뒷걸음질했습니다. 두눈박이용 안경은 볼수록 신기했습니다.

'옛날엔 이 외눈박이 섬에도 두눈박이들이 살았다니!'

 수많은 전시물 중에서도 두눈박이 안경만큼 벼리를 끌어당기는 것은 없었습니다. 다음 전시실로 이동했지만 두 개의 안경테와 안경알이 계속 눈앞에 아른거렸습니다. 다른 아이들도 저마다 관심 있는 전시물 앞에서 발걸음을 멈추었습니다.

 관람이 끝나고 아이들은 각자 싸 온 간식을 나눠 먹었습니다. 벼리가 과자를 우물거리면서 친구들에게 말했습니다.

 "얘들아, 너희들 두눈박이 안경 봤어? 진짜 신기하지?"

 "나는 그중에서 거인 발톱이 제일 멋있더라. 거의 내 손바닥만 하더라니까!"

 먼저 부리부리눈이가 나섰습니다.

 "음…… 나는 말하기 좋아하는 사람들의 기록물이 대단했어. 어떻게 3박 4일 동안 토론을 할 수 있을까?"

　곧바로 맑은눈이가 말을 이었습니다.

　"나는 소인국의 밥상이 생각나. 그걸 다 먹어도 엄청 배고플 것 같아."

　"그럼 우린 대인국 밥상이네?"

　번개눈이 말에 벼리가 외눈을 크게 뜨고 배를 앞으로 쑥 내밀었습니다. 그러자 모두 깔깔거렸습니다. 옆에 있던 선생님도 미소를 지었습니다. 아이들은 시간이 가는 줄도 모르고 웃고 떠들었습니다. 잠시 뒤 선생님이 손뼉을 쳤습니다.

"자자, 대인국 어린이들! 이제 출발! 오늘은 숲속 길로 걸어갈 거예요."

대인국 어린이라는 말에 아이들이 또 웃기 시작했습니다. 아이들은 콧노래를 부르며 숲속 길로 접어들었습니다.

아름드리 소나무가 총총하게 늘어선 숲속 길은 언제나 포근하게 느껴졌습니다. 한 그루를 지나면 또 한 그루가 반겨 주는 것만 같았습니다. 바닥에는 일정한 간격으로 자갈이 길게 깔려 있어서 걷는 재미가 있었습니다. 벼리는 징검다리를 건너는 것처럼 겅중겅

중 뛰었습니다. 그러자 아이들도 벼리를 따라 하며 즐거워했습니다. 군데군데 '생각 숲길'이라는 푯말이 있었지만 아이들은 눈여겨보지 않았습니다.

"얘들아, 저기 광장이 보인다!"

앞서 가던 벼리가 소리쳤습니다. 숲속 길 끝에 다다르자, 커다란 돌기둥이 여러 개 보였습니다. 물결무늬로 장식된 기둥은 계단을 둘러싸고 있었고, 계단은 원형 모양으로 아래를 향하고 있었습니다. 마치 무대를 둘러싼 관객석 같았습니다. 사람들은 이곳을 광장이라고 불렀고 누구나 편하게 이용했습니다. 이곳에서는 연극 공연이 열리기도 하고, 장터가 열리기도 했으며, 또 수많은 투표가 열렸습니다. 외눈박이 섬의 모든 일은 이곳에서 다수결을 통해 결정되었습니다.

"여러분! 이제 다 왔어요. 여러분은 어떤 생각을 하면서 숲길을 걸었나요?"

"징검다리 놀이가 재미있다는 생각이요!"

아이들이 한목소리로 합창하듯 외쳤습니다.

"그래요. 그것도 좋은 생각이에요. 오늘 생각 숲길을 걸었으니까 더 깊게 생각하는 어린이가 되기로 해요!"

"네!"

아이들 모두 큰 소리로 대답했습니다.

'빨리 집에 가서 할아버지께 박물관 얘기해 드려야지!'

벼리는 할아버지께 보여 드리려고 박물관 안내 책자를 챙겨 왔습니다. 뛰다시피 급하게 걸어가던 벼리가 막 모퉁이를 돌아서려는 순간이었습니다.

'쿵' 하는 소리와 함께 무언가와 부딪히고 말았습니다. 벼리는 엉덩방아를 찧으면서 바닥에 넘어졌습니다. 그 바람에 박물관 안내 책자를 놓치고, 손바닥은 바닥에 쓸려 피가 났습니다.

"너 괜찮아?"

낯선 목소리에 벼리는 고개를 들었습니다.

"말도 안 돼……."

두눈박이 꼬마가 눈앞에 있었습니다. 막상 두눈박이를 마주하니, 눈이 두 개라는 게 어쩐지 어색하고 불편하게 느껴졌습니다.

"으윽! 이상해……."

생각지도 못한 말이 튀어나왔습니다. 그 말을 들은 두눈박이가 얼굴을 찡그렸습니다.

"너도 이상해. 이 섬만 나가면 외눈박이보다 두눈박이가 훨씬 많거든!"

벼리는 아차 싶었습니다. 하지만 뭐라고 말하기도 전에 두눈박이는 등을 돌려 반대편으로 걸어갔습니다. 그렇게 만나 보고 싶었던 두눈박이인데 기회를 놓칠 수는 없었습니다. 때마침 바닥에 뒹굴고 있는 외눈박이 섬의 안내 책자가 눈에 띄었습니다. 두눈박이가 떨어뜨린 게 분명합니다.

"야! 이거 안 가져가?"

두눈박이가 뒤돌아보더니 다시 벼리에게로 걸어왔습니다. 벼리는 바닥에 떨어진 안내 책자를 주웠습니다. 바닥에 쓸려 다친 손바닥이 쓰라렸습니다. 두눈박이는 안내 책자를 받으면서 벼리 손

바닥을 유심히 살폈습니다.

"너 많이 다쳤네?"

"아니, 조금……. 뭐…… 괜찮아."

"어유, 기다려 봐."

두눈박이는 메고 있던 가방에서 작은 주머니를 꺼냈습니다. 주머니 안에는 비상약들이 들어 있었습니다. 두눈박이는 벼리의 상

처를 소독한 뒤에 연고를 바르고 반창고로 감쌌습니다.
"너 대단하다. 이런 걸 다 가지고 다녀?"
"이건 여행객들의 필수 아이템이야."
벼리는 두눈박이가 자신을 치료해 준 것이 고마웠습니다.
"아까는 미안했어. 두눈박이를 처음 봤거든."
"정말? 너 다른 섬에 한 번도 안 가 봤어?"
"응. 너는 많이 가 봤어?"
"우리 가족은 여행이 취미야. 틈만 나면 떠나거든."
벼리는 손바닥에 붙은 반창고를 들여다봤습니다. 반창고에는 귀여운 두눈박이 캐릭터가 그려져 있었습니다. 벼리는 이제 두눈박이가 이상하지 않았습니다. 오히려 좋은 친구가 될 것 같았습니다.
"내 이름은 벼리인데 넌 이름이 뭐야?"
"강이. 눈이 강물처럼 깊고 아름답다고 부모님이 지어

주셨어."

"내 이름은 할아버지가 지어 주셨는데 눈이 별처럼 반짝인다는 뜻이야."

이름처럼 벼리의 눈도 강이의 눈도 빛이 났습니다. 벼리와 강이는 바닷가 모래사장을 몇 바퀴나 돌고 나서야 헤어졌습니다. 내일 이 시간에, 다시 여기서 만나기로 약속하는 것도 잊지 않았지요.

"벼리야, 너희 섬 진짜 아름다워. 엄마 아빠도 완전히 반하셨대."

강이는 벼리를 만날 때마다 외눈박이 섬이 좋다고 했습니다. 여행 일정을 늘려서 며칠 더 있을 거라는 얘기도 했지요. 덕분에 벼리와 강이는 매일같이 함께 시간을 보낼 수 있었습니다.

여행을 좋아하는 강이는 다른 섬들에 대해 아는 것이 많았습니다.

　벼리는 여러 이야기 중에서도 특히 다른 섬사람들 대부분이 두 개의 눈을 가지고 있다는 사실이 흥미로웠습니다.

　'여기서는 외눈박이가 다수인데 밖에서 보면 외눈박이가 소수로구나.'

　벼리는 강이와 만날 때마다 새로운 생각을 하게 되었습니다. 선생님 말씀처럼 더 깊게 생각하는 어린이가 된 것만 같았습니다.

'강이와 생각 숲길을 걸어 볼까? 광장 원형 계단에서 재미있는 놀이도 하고.'

벼리 계획은 대성공이었습니다. 강이가 다른 날보다 아주 좋아했거든요. 둘은 아름다운 숲길을 지나 광장까지 오면서 쉴 새 없이 이야기를 나눴습니다.

"벼리야, 여기 진짜 멋지다!"

"그렇지? 난 이 광장이 참 좋아. 여기선 늘 최고의 답을 내놓잖아. 다수결 투표가 여기서 열리거든."

강이가 고개를 갸우뚱했습니다.

"다수결에서 이기면 최고의 답인 거야?"

"당연하지!"

벼리는 누구보다 다수결로 선택하는 걸 좋아했습니다. 많은 사람들이 원하는 것이니까 불만도 줄어든다고 여겼지요. 외눈박이 섬의 회장이었던 할아버지처럼 어른이 되면 꼭 섬의 회장이 되고 싶었습니다. 그래서 회의를 통해 다수결로 섬의 여러 가지 일들을 처리하고 싶었습니다.

"광장은 열려 있는데 벼리 생각은 닫혀 있네."

"응? 무슨 뜻이야?"

"으응, 아니야."

벼리는 강이에게 광장을 보여 줬다는 것만으로도 기뻤습니다. 강이의 반응이 조금 아쉬웠지만, 강이가 투표하는 모습을 본 적이 없기 때문에 그럴 거라고 생각했습니다.

'강이에게 꼭 다수결 투표를 보여 줘야지!'

며칠 뒤, 투표를 통해 외눈박이 섬의 새로운 회장이 뽑혔습니다. 벼리는 자신이 뽑은 후보가 섬의 회장이 된 것이 누구보다 기뻤습니다.

"오늘 우리 섬의 전체 회의가 있는데 강이 너도 같이 갈래?"

"난 외눈박이 섬사람이 아닌데 가도 돼?"

"괜찮아. 투표는 안 하고 그냥 구경만 하는 건데 뭐."

"그래, 좋아!"

외눈박이 섬 회의에는 초등학교에 들어가지 않은 꼬마들을 뺀 모두가 참여했기 때문에 아이들도 어른들과 똑같이 의견을 낼 수 있었습니다.

벼리도 작년부터 회의에 참여하고 있었지

요. 새로 뽑힌 회장이 광장 입구에서 일일이 인사를 하고 있었습니다. 벼리는 회장님에게 강이를 소개하고 허락을 받았습니다.
　잠시 뒤, 회장님이 회의를 진행했습니다.
　"오늘 회의의 주제는 '축제 때 어떤 공연을 할 것인가?'입니다. 모든 섬들이 일 년에 한 번씩 다함께 모여 축제를 연다는 건 아시지요? 이번 축제에 우리는 어떤 공연을 하면 좋을지 말씀해 주시기 바랍니다."
　"춤을 추는 건 어떨까요? 멋진 안경을 쓰고 말이지요."
　"노래를 부르는 건 어때요? 노래라면 나도 잘할 수 있거든요."
　"전통 무술도 좋을 거 같아요. 외눈박이 전통 무술은 워낙 유명하잖아요."
　사람들은 각자 손을 들고 자신의 의견을 말했습니다. 회의가 계속될수록 어른들과 아이들의 생각이 다르게 나타났습니다.

"그렇다면 우리 섬의 전통 무용을 하는 건 어떨까요?"

어른들은 연습하기 쉬운 전통 무용을 하자고 했습니다. 하지만 어린이들은 다른 의견을 냈습니다.

"요즘 유행하는 노래를 부르고 춤을 추는 게 어때요?"

아이들은 서로 고개를 끄덕이면서 힘을 보탰습니다. 벼리도 좋다고 박수를 쳤습니다. 하지만 투표 결과 전통 무용이 더 많은 표를 받았습니다.

"여러분, 이건 다수결로 정해진 거니까 모두 잘 따라 주세요!"

회장님의 당부 말씀을 끝으로 회의가 모두 끝났습니다.

벼리는 강이 손을 잡고 광장을 빠져나와 생각 숲길로 향했습니다. 벼리도 강이도 얼굴빛이 어두웠습니다. 벼리는 어린이들의 의견이 받아들여지지 않아서 속상했고, 강이는 외눈박이 사람들의 회의가 좀 이상한 것 같았습니다. 다수결을 통한 의사 결정에서 소수의 의견이 완전히 무시됐기 때문입니다.

"벼리야, 전통 무용이 싫으면 안 하면 되잖아?"

"그건 안 돼. 다수결로 결정한 거니까 무조건 따라야 해."

벼리는 속상한 마음이 가득했지만 티를 내지 않았습니다. 그러면서 강이에게 어른들이 말한 다수결의 장점을 설명했습니다.

"다수결은 그래도 가장 많은 사람들이 원하는 것이니까 가장 합리적이래."

"꼭 그런 건 아니야. 다수결로 결정할 수 없는 것도 있어."

"뭐라고? 이 세상에 다수결로 결정할 수 없는 게 있다고?"

"당연하지!"

벼리는 강이에게 뭐라고 하고 싶은데 좋은 생각이 떠오르지 않았습니다. 머릿속이 뒤죽박죽이 된 것만 같았지요. 집으로 돌아가는 벼리의 발걸음이 무겁기만 했습니다.

인문철학 왕 되기 ①

다르다는 게 뭘까?

'다르다'와 '틀리다'를 자꾸 잘못 쓰게 돼요. 그런데 다른 게 정확히 뭐예요?

 정말 신기해! 눈이 하나만 있는 사람들이 사는 외눈박이 섬이라니.

 나는 이야기를 좋아하는 사람들의 섬에 가 보고 싶어.

 그런데 나와는 다른 사람들이 사는 섬에 가면, 기분이 조금 이상할 것 같아.

 그렇지 않을걸? 벼리와 강이도 쉽게 친해졌잖아.

 만약 네가 외눈박이 섬에 간다면 섬사람들이 두눈박이라고 피하거나 놀릴지도 몰라.

 선생님, 모두가 다른 사람인 것이 당연한데, 왜 뭉치 말처럼 가끔 다른 사람을 피하거나 놀리는 행동을 하는 걸까요?

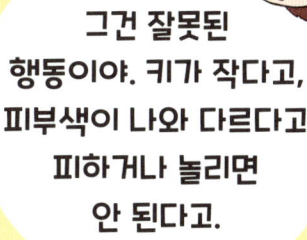 그건 잘못된 행동이야. 키가 작다고, 피부색이 나와 다르다고 피하거나 놀리면 안 된다고.

'다르다'와 '틀리다'

친구와 함께 그림을 그릴 때, 나는 자동차를 빨간색으로 칠하고 싶은데 친구가 파란색을 원할 때가 있을 거야. 친구에게 "너의 생각은 틀렸어. 빨간색으로 칠해야 해."라고 말한다면 다름과 틀림을 혼동한 거야.

반면 동생이 수학 문제를 잘못 풀었다면 뭐라고 말할까? "네가 쓴 답은 틀렸어."라고 하겠지? 수학 문제처럼 정답이 있는 경우에는 옳고 그름을 분명히 구분할 수 있단다.

사람들은 다 달라.
나이, 키, 피부색이 다르고 국적, 종교도 다르지.

**나와 다르다고 누군가를 놀리거나 피하는 것은
다름을 틀림으로 착각한 잘못된 행동이란다.
특히 다수의 사람들이 자신과 다른 소수 사람들을
인정하지 않거나 무시해서는 안 돼.**

다음은 강이가 키 큰 사람들의 섬을 여행하고 쓴 일기의 일부란다.
'**다르다**'와 '**틀리다**'라는 단어를 사용하여 강이의 일기를 완성해 보렴.

| 년 | 월 | 일 | 요일 | 날씨 | ☺ |

키 큰 사람들의 섬에서 내가 가장 좋아하는 박물관을 찾기가 참 힘들었다.

할아버지의 설명을 잘 기억하면 길을 찾을 수 있으리라 생각했는데 지도를 봐도

박물관 가는 길을 찾기 어려웠다. 키 큰 사람들의 섬에서 받은 지도에 있는 방향

표시 기호와 주소가 내가 사는 외눈박이 섬 지도와 (   ) 때문이다.

길에서 헤매고 있을 때 키가 큰 할아버지 한 분이 도움을 주셨다. 내 설명을 들

으신 할머니는 박물관 위치에 대한 나의 기억이 (   )고 말씀하셨다.

그리고 친절하게도 나를 박물관에 데려다주셨다. 할머니와 많은 이야기를 즐겁

게 나누며 박물관에 도착했다. 할머니와 나는 사는 곳도 키도 모두 다르지만 좋

은 친구가 되었다.

정답 : 다르기, 틀리다

토리를 위하여

 며칠 뒤, 강이가 떠나면서 배 승선권(배를 타기 위하여 돈을 주고 사는 표.) 두 장을 건넸습니다. 두눈박이 섬에 놀러 오라고 하면서요. 그건 초대장이나 마찬가지였습니다.

"우리 부모님이 너한테 고맙다고 꼭 놀러 오라고 하셨어. 할아버지랑 같이!"

벼리는 처음으로 외눈박이 섬을 떠나 다른 섬에 가는 것이었습니다.

토요일 점심 무렵 벼리와 할아버지는 두눈박이 섬을 밟았습니다. 항구에 강이와 부모님이 마중을 나와 있었습니다. 벼리와 강이는 며칠 지나지 않았는데도 몇 년 만에 만난 것처럼 반가웠습니다.

"벼리야, 오늘은 나만 믿어! 내가 다 준비해 왔거든!"

강이의 너스레에 어른들이 웃음을 터뜨렸습니다.

두눈박이 섬은 외눈박이 섬만큼이나 아름다웠습니다. 아름다운 해변에는 부드러운 모래와 하늘 높이 뻗은 야자수 나무들이 보기 좋게 어우러져 있었습니다. 벼리 발가락 사이로 부드러운 하얀 모래가 들어왔습니다. 어른들은 모래사장에 돗자리를 깔고 앉아서 둘의 모습을 흐뭇하게 지켜보았습니다.

"벼리야, 너 배 안 고파? 이제 밥 먹으러 가자! 우리 가족이 자주 가는 엄청 맛있는 식당 예약했거든!"

강이 말에 벼리가 벌떡 일어났습니다. 그러다 모래에 발이 빠져 기우뚱, 넘어질 뻔했지요. 모두들 그 모습에 큰 소리로 웃었습니다. 겨우 중심을 잡은 벼리도 따라서 웃었습니다.

두눈박이 섬의 음식은 정말 맛있었습니다. 새로운 향신료와 식재료들이었지만 벼리 입맛에 딱 맞았습니다. 벼리는 지금 이 자리가 정말 좋았습니다. 옆자리의 수다 소리가 계속 들리는 것만 빼면요. 그들은 식탁 여러 개를 붙여 놓고 식사를 하고 있었습니다. 어떤 모임에서 회식을 하는 것처럼 보였습니다.

"이번엔 산으로 가는 게 어떨까요?"

여행지를 정하는 것 같은데 벌써 몇 십 분째 결정이 나지 않았

습니다.

"강이야, 저기 옆에 사람들은 왜 투표를 안 하는 거야? 종이랑 펜이 없어서 그러나? 내가 빌려주고 올까?"

벼리가 가방을 뒤적거리자 강이가 벼리 손을 잡았습니다.

"아니, 괜찮아. 저렇게 대화하면서 문제를 해결하는 거야."

강이가 웃으며 고개를 흔들었습니다. 외눈박이 섬에서 여행지를 정하는 일 같은 건 10분이면 끝날 일이었습니다. 그런데 두눈박이 섬에서는 그렇게 하지 않았습니다. 시간을 낭비하는 것 같은데 다들 즐거워 보였습니다. 계속 웃는 소리가 들렸습니다.

시간은 빠르게 흘러 벌써 외눈박이 섬으로 돌아갈 날이 밝았습니다.

"강이야, 잘 있어. 섬 축제 때 다시 만나자!"

"신세 많이 지고 갑니다. 고마워요."

벼리와 할아버지는 강이와 가족에게 손을 흔들며 유람선(구경하는 손님을 태우고 다니는 배.)에 올랐습니다. 지난 이틀이 꿈만 같았지요.

"할아버지, 여기 사람들은 대화만 해요. 어제도 식당에서 우리가 나갈 때까지 회의만 했잖아요. 우리처럼 투표하면 빨리 끝나고 좋을 텐데……."

벼리는 그 모습이 잊히지 않았습니다.

"뭐든지 빨리 정하는 게 좋은 것만은 아니란다. 다수결로 투표한 것이 항상 옳은 것만도 아니고. 다수가 늘 정답일 순 없지."

"할아버지도 그런 적 있어요?"

벼리가 눈을 동그랗게 뜨고 할아버지를 바라보았습니다.

"할아비가 섬의 회장이었으니 얼마나 많은 회의를 하고 투표를 했겠냐? 셀 수도 없지."

"할아버지, 그때 얘기해 주세요."

벼리는 할아버지 어깨에 고개를 기댔습니다. 마음이 편안해지면서 자꾸 웃음이 나왔습니다. 할아버지가 회장이었을 때 이야기는 언제 들어도 좋았습니다.

"우리 섬에 은빛 모래 해변이 있다는 건 알지?"

"그럼요. 알고말고요."

"거기 모래가 유난히 반짝였어. 깨끗하기도 하고."

할아버지가 말을 이어 가는데 벼리 입에서 계속 하품이 나왔습니다.

"그날 회의가 아직도 어제처럼 생생해. 그때 그렇게 급하게 정하면 안 됐는데 말이다."

할아버지의 목소리가 꿈결처럼 아득히 멀어져 갔습니다. 벼리는 깊은 잠에 빠져들었습니다.

다음 날 아침, 벼리는 기분 좋게 교실 문을 열었습니다.

'어? 뭐지?'

아이들이 한군데에 모여 있었습니다. 교실 뒤에 있는 햄스터 토리네 집 근처였습니다. 가까이 다가가 보니 토리가 평소와 달랐습니다. 보통은 힘차게 쳇바퀴를 돌리며 친구들을 반겼어야 할 토리가 오늘은 은신처 안에서 꼼짝도 않고 누워 있었습니다.

햄스터는 원래 야행성 동물이라 낮에는 조용한 편이지만 토리는 특별한 햄스터였습니다. 친구들이 등교할 때면 인사하듯이 늘 쳇바퀴를 돌렸습니다. 수업을 시작하면 가만히 있다가 친구들이 다가오면 꼼지락거렸습니다. 그래서 친구들은 토리를 더욱더 사랑할 수밖에 없었습니다. 마치 한 명의 학생처럼, 친구처럼 토리를 대했습니다.

그런 토리가 힘이 없다니, 쳇바퀴도 돌리지 못하다니, 모두가 토리 집 근처에 모여 있는 것이 당연했습니다. 토리의 은신처는 속을 파낸 코코넛 껍데기로 만들어졌습니다. 이글루처럼 생긴 모습이었는데 입구를 통해 토리 엉덩이만 보였습니다.

"토리 왜 저래?"

"몰라. 아까부터 계속 이상한 소리만 내고, 그냥 숨어 있어."

벼리는 토리 은신처에 귀를 대 보았습니다.

"추추, 치치."

마치 토리가 기침을 하는 것처럼 평소와 다른 소리가 들렸습니다. 친구들이 계속 토리를 불러 보았지만 반응이 없었습니다. 항상 토리 먹이를 챙기던 맑은눈이가 조심스럽게 은신처를 들어 올렸습니다. 톱밥에 둘러싸인 토리의 등이 보였습니다. 숨을 마시고 내쉴 때마다 작은 등이 오르락내리락했습니다.

그때 눈물을 글썽이던 맑은눈이가 말했습니다.

"토리를 병원에 데려가야 해!"

"맑은눈이 말이 맞아!"

옆에 있던 친구들이 맞장구를 쳤습니다. 그러자 사사건건 토를 달기 좋아하는 번개눈이가 나섰습니다.

"햄스터는 원래 2~3년밖에 못 살아. 토리도 그냥 수명이 다한 거야. 병원까지 데려갈 필요는 없어."

"번개눈이 너는 매일 반대만 하냐?"

"내가 언제 반대만 했냐? 반대할 만하니까 했지. 그리고 너희는 왜 토리 입장은 생각 안 해? 너무 힘들고 아프면 그냥 편하게 보내 주는 것도 토리를 위하는 방법이야!"

"야, 번개눈이! 네가 토리 생각을 어떻게 알아?"

토리를 치료하자는 맑은눈이의 입장과 힘들고 아픈 토리를 편하게 보내 주자는 번개눈이의 입장이 부딪혔습니다.

"나는 맑은눈이 편이야."

"그래? 그럼 나는 번개눈이 편!"

번개눈이의 단짝인 부리부리눈이가 소리쳤습니다. 아이들은 두 팀으로 나뉘어 서로를 향해 소리쳤습니다.

"그래도 치료는 해야지! 이렇게 둘 수는 없잖아!"

"맞아, 맞아!"

"어차피 토리는 1년 6개월이나 살았어! 토리를 힘들게 하면서 더 살게 하는 건 우리 욕심일지도 모른다고!"

아이들의 목소리가 점점 더 커져 갔습니다. 모두 토리를 사랑하는 마음에서 하는 말이었고, 한쪽만 옳은 이야기를 하는 것도 아니어서 더 어려웠습니다.

'도대체 뭐가 맞는 거야?'

벼리는 이러지도 못하고 저러지도 못한 채로 맑은눈이 편과 번개눈이 편 사이에 가만히 서 있었습니다.

지금까지는 이런 문제가 생기면 두말할 것도 없이 다수결로 결정했습니다. 하지만 오늘만큼은 다수결로 정하자는 말이 쉽게 나오지 않았습니다.

'뭐가 옳은 거지? 뭐가 정답일까?'

벼리는 눈을 감고 정신을 집중했습니다. 여러 가지 생각들이 떠다니는 것 같았습니다. 강이가 했던 말도 생각났습니다. 그때 번개눈이가 벼리 어깨를 탁 쳤습니다.

"벼리! 네가 반장이니까 정리 좀 해. 빨리 다수결로 투표하자."

"그래, 좋아! 투표하자!"

아이들은 투표를 통해 토리의 치료를 결정하려고 했습니다. 아무리 이야기를 해 봐도 도무지 결론이 나지 않았기 때문입니다. 이럴 땐 다수결이 늘 최선의 방법이었습니다.

벼리는 천천히 칠판 앞으로 걸어갔습니다.

"애들아, 토리가 처음 우리 반에 왔던 날 기억나?"

"아, 반장! 투표하자니까 갑자기 무슨 소리야!"

번개눈이가 목소리를 높였습니다. 하지만 벼리는 하던 말을 계속했습니다.

"아니, 그 전에 토리에 대한 이야기를 좀 나눠 보자. 토리가 처음 우리랑 만났던 날 기억해?"

친구들은 고개를 갸웃거렸습니다. 평소라면 가장 먼저 나서서 상황을 정리하고, 투표를 진행했을 반장 벼리가 오늘은 조금 이상하다고 생각했습니다. 아이들은 서로 얼굴을 쳐다보면서 얼굴 중앙에 있는 큰 눈만 껌뻑거렸습니다.

그때 맑은눈이가 자리에서 벌떡 일어났습니다.

"토리는 어미젖을 뗀 지 얼마 안 된 새끼였어. 아주 작았고 귀여

웠어. 나는 토리를 처음 봤을 때부터 토리와 친구가 되고 싶었어."

맑은눈이는 토리와 처음 만났을 때가 생각나는지 빙그레 웃었습니다. 가만히 눈만 껌뻑이던 친구들이 하나둘씩 토리와의 추억을 이야기하기 시작했습니다.

"벼리가 반장으로 뽑혔을 때, 토리가 쳇바퀴를 엄청 굴려서 우리가 다 웃었던 적도 있었지?"

"우리가 선생님한테 혼날 때 찍찍 소리를 낸 적도 있어."

"토리는 우리랑 체육 대회도 같이 했잖아!"

"맞아! 우리랑 같이 응원도 하고, 응원상 받은 상금으로 토리한테 해바라기씨도 사 주고!"

막상 이야기를 시작하고 나니 토리에 대한 추억이 봇물처럼 쏟아져 나왔습니다.

한참을 떠들던 아이들은 서서히 입을 다물고 저마다 생각에 잠겼습니다. 벼리는 잠시 후 조용히 입을 열었습니다.

"음…… 토리 얘기는 조금 더 생각해 보자. 아무래도 지금 당장 정할 수는 없을 것 같아. 내일까지 의견을 생각해 오고, 다시 이야기해 보자. 어때?"

벼리가 차분하게 말하자 모두 고개를 끄덕였습니다. 토리에 대해 이야기를 나누다 보니, 다수결로 결론을 내릴 수가 없게 된 것입니다.

아이들은 쉬는 시간마다 토리를 돕기 위해 바쁘게 움직였습니다. 맑은눈이와 몇 명은 도서관에서 책을 찾았고, 번개눈이와 다른 친구들은 정보를 검색했습니다. 몇 명은 토리 집에 '힘내!'라는 쪽지를 붙였습니다.

벼리도 집으로 돌아와 토리의 증상에 맞는 해결 방법을 찾느라 바쁜 저녁 시간을 보냈습니다. 할아버지도 벼리를 도와주었습니다. 햄스터가 감기에 걸리면 '치치', '추추' 같은 소리를 낸다는 것과 탈수 증상이 오면 기력이 없어진다는 것을 알려 주었습니다.

"할아버지, 빨리 토리에게 설탕물을 먹이고 싶어요."

"따뜻한 바람을 쐬어 주는 것도 좋단다."

벼리는 할아버지와 밤늦도록 토리 이야기를 주고받았습니다. 토리가 곧 힘을 낼 것만 같았습니다.

다음 날, 벼리는 다른 날보다 일찍 학교에 갔습니다. 빨리 토리를 보고 싶었기 때문입니다.

학교에 도착하니 벌써 많은 친구들이 교실 뒤쪽에 모여 있었습니다. 모두 토리가 걱정됐던 것입니다.

그런데 번개눈이의 발이 이상했습니다. 어제는 없었던 깁스에, 목발까지 짚고 있었습니다.

"번개눈이! 너 왜 그래? 어쩌다 다친 거야?"

"우리 집에 있는 동물 백과사전이 혹시 도움이 될까 싶어서 의자에 올라서서 꺼내다가 넘어졌지 뭐."

번개눈이는 아무렇지 않은 척 말했습니다. 하지만 번개눈이가 토리를 얼마나 아끼는지 느낄 수 있었습니다. 다들 어제 열심히 찾았던 방법으로 조심조심 토리를 간호하는 모습이 매우 진지해 보였습니다.

벼리는 작은 주사기에 설탕물을 넣어 토리 입으로 흘려 넣어 주었습니다. 맑은눈이는 작은 손수건으로 토리를 감싸 주었고, 다른 친구들은 아주 약하게 튼 드라이어의 더운 바람을 토리에게 쐬어 주었습니다.

모두들 정성껏 토리를 돌보았습니다. 그 누구도 불평하지 않고 마음을 모았습니다. 아이들의 바람대로 토리는 천천히 기력을 회복했습니다. 더 이상 '추추' 소리를 내지 않게 되었고, 수업이 끝나갈 무렵엔 다시 해바라기씨를 먹을 수 있게 되었습니다. 그 순간 벼리는 깨달았습니다.

'아, 이런 것들이 다수결로 정할 수 없는 것이로구나. 투표가 아니더라도 좋은 결정을 할 수 있구나.'

의견을 모으는 데 어떤 방법이 있을까?

다수결의 원칙 말고 다른 방법으로 의견을 모을 수도 있나요?

아픈 토리를 두고 이러쿵저러쿵 다른 말들만 하고 있다니, 당장 병원으로 가야지.

어떻게 하는 것이 토리를 진정으로 위하는 것인지 의견들이 달라 결정을 못 하고 있어.

병원 치료 때문에 토리가 더 고통받는다면 그것도 토리를 위한 것이 아니야.

어서 병원에 데려가야 한다고! 아픈 토리를 치료하는 일은 다수결로 결정할 게 아니야.

토리를 위해 무엇을 할 것인지를 다수결로 결정하는 건 문제가 있는 것 같아. 벼리와 친구들도 다수결이 아니라 다음 날 다시 이야기하기로 결정했으니까.

벼리와 친구들이 곤란한 결정을 내려야 하는 상황에서 다수결이 아니라 다른 방법을 선택했구나. 왜 이런 선택을 했는지 함께 생각해 보자.

소쌤의 철학특강

민주주의의 가치를 보여 준 사상가

존 스튜어트 밀은 영국의 사회학자, 철학자이자 정치·경제 학자란다. 공리주의 철학이나 여러 정치 이론을 담은 책을 남겼는데, 그중 후대에 큰 영향을 미친 책이 『자유론』이지.

밀은 **모든 인간은 동등한 자유와 권리**를 가졌기 때문에 누구나 다른 생각과 의견을 내세우는 것이 당연하다고 생각했어.

인류는 자유로운 생각과 토론, 그리고 대화와 협상을 통해 의견을 조정해 나가며 이 과정을 통해 진보한다고 믿었단다.

서로 다른 의견이 충돌하는 것이 혼란스러울 수 있지만, 자유의 토대 위에서 사회와 국가가 나아가야 할 방향을 찾고 **다수의 의견을 모으는 것이 바로 민주주의**란다.

기관사의 선택이라는 가상 실험이 있어. 한 기관사가 철길을 달리고 있었는데 저 멀리 선로 위에서 다섯 명이 작업을 하고 있는 거야. 이대로 가면 큰 사고가 날 것 같아 기차를 세우려고 했지만 브레이크가 고장 났지 뭐야. 다행히 눈앞에 왼쪽으로 꺾을 수 있는 선로를 발견했어. 그런데 거기에서도 한 사람이 작업을 하고 있는 거야. **왼쪽으로 선로를 바꾸면 한 명이 죽고, 이대로 브레이크가 고장 난 상태로 달리면 다섯 명이 죽을 거야. 어쩌면 좋지?**

여러분이라면 어떤 선택을 할 수 있겠니?
영국 BBC 방송국에서 이 가상 실험으로 설문 조사를 한 결과, **77%의 사람들이 기차의 방향을 바꾼다고 대답**했어. 한 명보다는 다섯 명의 목숨을 살린 쪽을 택한 거야.

**많은 사람에게 이익이 되고 행복을 가져온다면,
소수는 희생해도 괜찮은 걸까?
만약 그 한 사람이 내 가족이라면?**
그래서 우리는 어떤 결정이든
쉽게 내리면 안 된단다. 특히 생명이
걸려 있는 문제라면 더욱 그렇지.

흠, 내 가족의 희생은 안 되지.

긴급회의

"자! 오늘 수업은 여기서 끝! 잠깐 쉰 다음에 바로 축제 연습하겠어요."

선생님이 손뼉을 두 번 쳤습니다. 벼리네 반 친구들은 모두 편한 옷으로 갈아입고 자리에 앉았습니다. 선생님이 아이들을 쭉 둘러보며 말했습니다.

"자! 우선 음악을 듣고 어떤 분위기인지 느껴 볼까요? 그리고 무용수들이 어떻게 하는지 살펴봅시다."

선생님이 바로 전통 무용 영상을 틀었습니다. 무용수들은 음악에 맞추어 아주 느릿느릿 몸을 움직이면서 팔을 위아래로 또 좌우로 흔들었습니다. 발끝을 멀리 뻗었다가 다시 가져오기도 하고, 사뿐사뿐 발을 내디디기도 했습니다.

'음악이 너무 느리네. 거북이도 이것보다 빠르겠네.'

벼리는 그런 생각을 하면서 영상을 봤습니다. 음악이 자장가로 들렸는지 맑은눈이는 꾸벅꾸벅 졸고 있었습니다. 벼리가 맑은눈이를 흔들자, 깜짝 놀란 맑은눈이가 소리를 질렀습니다.

"뭐, 뭐야!"

맑은눈이의 비명에 다들 웃음보가 터졌습니다. 선생님도 빙그

레 웃었습니다. 연습을 시작한 후 처음으로 교실 안에 웃음소리가 가득 찼습니다. 맑은눈이는 잠시 당황했다가 창피한 듯 고개를 푹 숙였습니다. 선생님이 다시 손뼉을 쳐 주의를 집중시켰습니다.

"아무래도 처음 보는 거니까…… 너무 졸렸지요? 잠시 쉬었다가 할까요?"

느릿느릿한 음악이 멈추자 조용했던 토리도 잠에서 깼는지 찍찍 소리를 냈습니다. 벼리는 토리에게 다가가 해바라기씨 하나를 건네주었습니다. 선생님이 교실을 나가자 다들 기다렸다는 듯이 불만을 터뜨렸습니다.

"야, 너무 재미없지 않냐?"

"조용히 해! 선생님한테 들리겠어."

"아니 뭐, 너무 지루하니까 그렇지."

"나는 춤추다가 잘 것 같아."

"우리 조상님들은 왜 느린 음악을 좋아하셨을까?"

"그러니까. 외눈소년단처럼 신나는 춤이었으면 좋았을 텐데."

아직 제대로 된 연습은 시작도 안 했는데 다들 의욕이 없었습니다. 전통 음악은 요즘 유행하는 외눈소년단의 노래처럼 신나지도 않았고, 거기에 맞춰 춤추는 팔과 다리는 흐느적거리는 수양버들 같았습니다.

벼리는 아이들의 사기(의욕이나 자신감 따위로 충만하여 굽힐 줄 모르는 기세.)가 너무 떨어져 있는 것 같아 걱정이 됐습니다.

"얘들아, 쉬는 시간이니까 우리 신나게 놀까?"

"신나게? 어떻게?"

벼리는 휴대 전화로 외눈소년단의 노래를 틀었습니다. 교실에 신나는 외눈-팝 음악이 울려 퍼졌습니다. 방금까지 입술이 삐죽 나와 있던 아이들의 얼굴에 생기가 돌았습니다. 누가 시키지도 않았는데 일어나 춤을 추고, 노래를 따라 불렀습니다. 외눈소년단의 춤은 요즘 아이들이라면 누구든지 출 수 있을 정도로 인기가 많았기 때문에 따로 연습할 필요도 없었습니다. 단 한 명, 번개눈이만 빼고 말입니다.

번개눈이는 의자에 앉은 채로 친구들이 춤을 추는 것을 바라보고 있었습니다. 부리부리눈이가 번개눈이의 어깨에 손을 얹으며 물었습니다.

"다리 많이 아파?"

"아니, 괜찮아."

"근데 표정이 왜 그래? 기분 안 좋아?"

"전통 무용이든 외눈-팝 댄스든 이 다리로는 못하니까……."

벼리는 번개눈이가 축 처져 있는 것이 안쓰러웠습니다.

'다리를 다치면 함께 공연할 수 없나? 번개눈이도 우리 반 친구인데.'

궁리를 하다 보니 불현듯 아까 본 돌도끼 학교 만화가 떠올랐습니다. 친구들은 어떻게 생각하는지 궁금했습니다. 갑자기 벼리가 휴대 전화 소리를 줄이자, 한창 외눈-팝 댄스를 추고 있던 아이들이 어리둥절한 표정으로 바라보았습니다.

"뭐야? 갑자기 왜 노래를 껐어?"

"번개눈이도 우리 반인데 너무 우리끼리만 즐거운 것 같아서. 번개눈이도 같이 할 수 있는 게 뭐 없을까?"

벼리의 물음에 번개눈이가 퉁명스럽게 대꾸했습니다.

"야, 됐어! 어차피 이 상태로는 아무 공연도 못 해. 그리고 난 전통 무용 하고 싶지도 않거든?"

"꼭 춤을 춰야 함께하는 건 아니잖아. 아까 돌도끼 학교 만화 기억 안 나?"

벼리가 다시 물었습니다. 그러자 친구들이 의견을 냈습니다.

"그래! 번개눈이가 우리 연습하는 모습이랑 공연하는 모습을 찍

는 건 어때? 현장 사진작가가 되는 거야!"

"그것도 좋네. 또 음악 감독은 어때? 필요한 음악 틀어 주고, 음량 조절해 주고, 곡도 바꿔 주고!"

"좋아! 좋아!"

친구들의 따뜻한 의견과 격려에 번개눈이 볼이 발갛게 달아올랐

습니다.

"야! 토리도 쳇바퀴 돌린다! 토리도 번개눈이를 응원하나 봐!"

토리가 찍찍 소리를 내며 쳇바퀴를 힘차게 돌리고 있었습니다.

그 모습에 아이들은 더 신이 났습니다.

이제 번개눈이가 선곡한 노래가 교실을 가득 채웠습니다. 노래가 세 번이나 바뀔 동안, 아무도 지친 기색 없이 외눈-팝 댄스를 췄습니다. 오히려 춤을 통해 힘을 얻는 것처럼 보였습니다.

그때 선생님이 문을 열고 교실로 들어왔습니다. 신나게 춤을 추고 있던 아이들이 마치 일시 정지 버튼을 누른 것처럼 동작을 멈췄습니다. 교실에 신나는 외눈-팝 음악만 흐르고 있었습니다.

"아까는 기운이 하나도 없더니 지금은 힘이 펄펄 나는군요?"

번개눈이가 음악을 끄자 교실이 다시 조용해졌습니다. 선생님이 딱히 혼을 낸 것도 아닌데 아이들은 눈치를 보면서 다시 자리로 돌아갔습니다.

그러고는 선생님이 시키는 대로 책상과 의자를 뒤로 밀어 놓았습니다. 그랬더니 연습하기에 충분한 공간이 생겼습니다. 다들 큰 동그라미를 만들어서 앉았습니다. 가운데 서 있던 선생님이 아이들 표정을 살폈습니다.

"외눈박이 전통 춤은 팔과 다리의 선을 이용해서 아름다움을 표현한답니다. 다들 아까 본 영상 어땠나요? 아름다웠지요?"

"어…… 네…….''

"그럼 우리 세 줄 정도로 서서 연습해 볼까요? 번개눈이는 여기 의자에 앉아서 보고 있으렴."

다시 전통 음악이 나오고, 선생님이 시범을 보여 주었습니다. 처음엔 어떻게든 따라 하던 아이들이 털썩 바닥에 주저앉았습니다.

"선생님, 진짜 너무 재미없어요!"

"맞아요! 우리 그냥 외눈-팝 댄스로 하면 안 돼요?"

"음…… 여러분 마음은 알지만 우리가 투표를 통해 다수결로 정한 내용은 바꿀 수가 없어요. 그건 여러분도 잘 알잖아요."

아이들의 투정을 듣던 선생님이 어깨를 으쓱했습니다. 그 모습을 본 벼리가 손을 들었습니다.

"선생님, 그럼 소수의 의견은 항상 무시되는 거예요?"

놀란 선생님이 손사래를 쳤습니다. 전혀 아니라는 뜻이었지요. 하지만 벼리는 강이와 함께 참석했던 그 회의의 모든 장면을 기억하고 있었습니다.

"그때 우리 생각은 물어보지도 않았어요."

"맞아요. 투표하고, 결과 확인하고 끝이었어요!"

아이들은 봇물 터지듯이 이야기를 쏟아 냈습니다.

"매번 우리 의견은 들어주지도 않는다고요."

"여러분! 그렇지 않아요. 더 많은 사람들이 원하는 것을 선택하는 것이 다수결의 원칙이잖아요. 다만 여러분의 생각이 소수 의견이었을 뿐이에요."

그때, 맑은눈이가 속상하다는 듯이 소리쳤습니다.

"다수결이 좋은지 모르겠어요! 무조건 따라야 하는 건 좋은 게 아니잖아요!"

그러자 부리부리눈이가 맞받아쳤습니다.

"야! 그럼 맨날 회의만 하면 결정은 언제 하냐?"

"그렇다고 이렇게 매번 다른 의견은 무시하고? 그럼 안 되지!"

"더 많은 수를 따르는 건 당연한 거라고!"

"다수가 늘 맞아? 다수가 늘 정답이야?"

"그래도 소수보단 정답일 확률이 높잖아? 더 많은 사람이 좋다고 생각하는 건데?"

"그럼 부리부리눈이 너는 축제에서 전통 무용 하고 싶어?"

"그건 아니지만, 어쨌든 정해졌으니까 어쩔 수 없는 거지!"

이야기를 가만히 듣고 있던 선생님이 손뼉을 쳤습니다.

"여러분, 집중! 그럼 우리 투표 없는 회의를 해 볼까요?"

투표 없는 회의? 선생님 말에 아이들이 서로 얼굴을 쳐다보며 커다란 눈을 끔뻑거렸습니다. 처음 들어 보는 말이었습니다.

"소수와 다수로 나누지 않고 여러분 생각을 자유롭게 이야기해 보는 거지요."

선생님 말이 끝나자마자 부리부리눈이가 손을 들었습니다.

"맑은눈이처럼 생각하면 아무도 정해진 것을 따르려고 하지 않을 거예요."

맞는 말이었습니다. 결정된 것을 따르기로 한 건 모두와 한 약속이었습니다.

"그렇지만 늘 다수의 말만 들어주면 소수는 아무것도 할 수 없는 걸요. 그건 너무 불공평해요. 소수도 우리 섬사람이에요!"

맑은눈이 말이 틀린 것도 아니었습니다. 번개눈이도 같이 공연을 하기 위해 따로 음악 감독 역할을 만든 것도 번개눈이가 우리 반 친구이기 때문이었으니까요. 벼리는 실타래가 엉킨 것처럼 마음이 복잡했습니다.

'이럴 때 강이라면 어떻게 했을까?'

이런 상태로는 축제 연습을 하기 힘들 것 같았습니다.

"선생님, 마을 회의를 다시 할 순 없나요? 비상 대책 회의도 있잖아요."

"벼리 말이 맞아요! 비상 회의!"

교실이 다시 소란스러워졌습니다. 그럴수록 선생님은 난감한 표정을 지었습니다.

이미 끝난 회의를 다시 소집하는 것도 어려웠지만, 그 이유가 아이들의 축제 연습 때문이라면 더더욱 어려울 테니까요.

"여러분! 만에 하나, 진짜 회의가 다시 열린다면 무슨 이야기를 할지 생각해 봤나요?"

아이들은 생각에 빠졌습니다. 지금껏 외눈박이 섬에서 다수결로 정한 결과가 뒤바뀐 적은 없었습니다. 만약 정말로 회의가 다시 열린다면, 교과서에 실릴 수도 있는 엄청난 일일 것입니다. 그런 일을 아무렇게나 벌일 수는 없었습니다. 준비가 필요했습니다.

"얘들아, 우리 진짜로 투표 없는 회의를 시작해 볼까?"

"그래 좋아!"

아이들은 책상과 의자를 옮겨 와 동그랗게 만들어 앉았습니다. 서로의 얼굴을 볼 수 있어 좋았습니다. 선생님은 아이들이 말할 때마다 그것을 칠판에 정리해 주었지요.

자유롭게 이야기를 나누는 일은 즐거웠습니다. 대화를 계속 나누다 보니 맑은눈이의 말도, 부리부리눈이의 말도 결국 같은 뜻이었습니다. 토리를 구하고 싶었던 마음처럼 모두가 외눈박이 섬을 사랑하는 마음이었습니다.

"애들아, 저 노을 좀 봐! 진짜 예쁘다!"

벼리가 눈을 동그랗게 뜨고 소리쳤습니다. 해가 지는 줄도 모르고 대화가 이어졌던 것입니다. 드디어 칠판 가득 아이들의 생각이 정리됐습니다. 칠판을 보고 있자니 벼리는 왠지 모르게 마음이 벅차올랐습니다. 투표를 했다면 10분 만에 끝났을 일을 몇 시간에 걸쳐서 했지만 피곤함보다는 뿌듯함이 먼저였습니다.

"애들아! 긴급회의다!"

복도에서 한참 통화를 하시던 선생님이 교실 문을 열고 소리쳤습니다. 새로 뽑힌 섬의 회장님이 아이들의 말을 들어 보겠다고 하신 거지요. 벼리 가슴이 두근거리기 시작했습니다.

의견을 잘 모으는 방법이 있을까?

친구들이 내 얘기를 잘 들어주면 금방 의견이 모일 텐데 말이에요. 각각 다른 의견을 어떻게 하나로 잘 모을 수 있을까요?

마을 광장에 모인 사람들이 축제에서 어떤 공연을 할지 결정하는데, 아이들과 어른들의 의견이 틀린 것 같아요.

아, 맞다. 내 말이 틀렸구나. 그런데 결국 어른들의 의견대로 전통 무용을 하기로 결정이 났네. 벼리와 같은 아이들의 의견은 받아들여지지 않았어.

뭉치야, 틀린 것이 아니라 다른 것이라 말해야지. 생각이나 의견이 다른 거잖아.

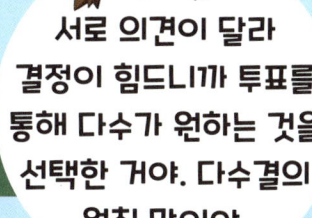

서로 의견이 달라 결정이 힘드니까 투표를 통해 다수가 원하는 것을 선택한 거야. 다수결의 원칙 말이야.

다수결에 따른 결정이니까 마을 사람들 모두 잘 따라야 한다는 마을 회장님의 말씀도 맞아. 하지만 벼리가 속상해하는 이유가 무엇일까?

다수결은 서로 다른 의견을 하나로 모으는 방법 중 하나란다. 서로 다른 의견을 하나로 모으는 방법에 대해 생각해 보자꾸나.

두눈박이 섬의 의견 모으기

두눈박이 섬의 광장은 아침부터 시끌시끌했어. 오늘은 1년에 한 번 있는 마을 축제에서 함께 만들고 나누어 먹을 음식을 결정하는 날이기 때문이지. 음식이 맛있기로 소문난 두눈박이 섬 마을 축제는 섬사람뿐만 아니라 다른 섬에서 오는 관광객들도 함께 즐기는 행사란다.

광장에 모인 사람들은 축제 음식에 대해 각자 의견을 이야기했어. 누군가가 두눈박이 섬사람들이 좋아하는 특산 향신료로 바비큐를 만들자 하니, 다른 사람이 바비큐는 2년 전에 만들었으니 올해는 생선 요리가 좋을 것이라 했지. 또 어떤 사람은 올해는 생선이 많이 잡히지 않았으니 칠면조 요리가 좋을 것 같다는 거야.

섬사람들이 지치지도 않고 축제 음식 이야기에 열을 올리는 동안 시간이 벌써 오후를 지나고 있었어. 엄마 아빠와 함께 사람들의 이야기를 듣던 강이는 우울해졌지. 사흘 동안 이야기했지만 축제 음식을 결정하지 못해 함께 어울리지 못했던 작년이 떠올랐기 때문이지.

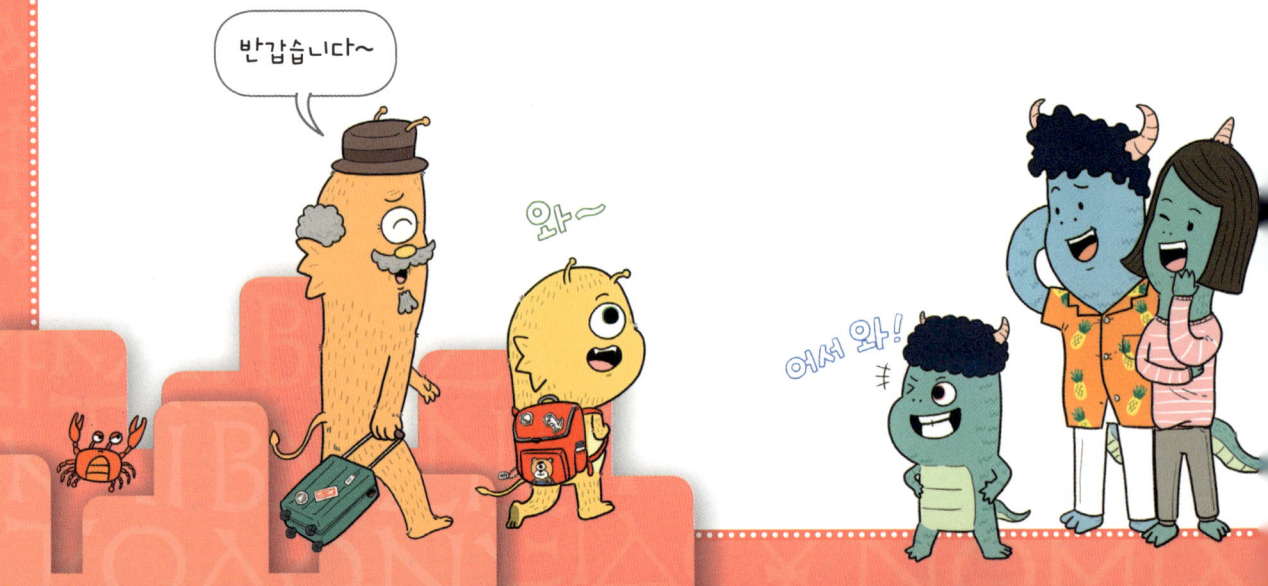

아빠, 다투지 말고 축제 음식을 다수결로 정하면 안 되나요? 벼리가 사는 외눈박이 섬 사람들이 마을 축제의 춤을 전통 무용으로 결정한 것처럼요.

강이야, 우리 섬사람들은 다투는 게 아니라 모두 좋은 의견을 제시하고 있잖아. 그러니 다수의 사람이 좋아한다고 해서 소수 사람의 의견을 무시하고 음식을 결정하는 것보다는 서로 의견을 나누면서 결정하는 것이 더 좋지 않겠니?

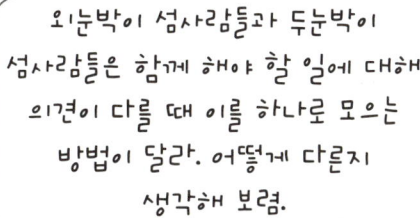

외눈박이 섬사람들과 두눈박이 섬사람들은 함께 해야 할 일에 대해 의견이 다를 때 이를 하나로 모으는 방법이 달라. 어떻게 다른지 생각해 보렴.

함께 노래하고 함께 춤추며

긴급회의는 광장에서 열렸습니다. 회의에 소집된 어른들은 저마다 다른 반응을 보였습니다. 동네 터줏대감 어르신들은 대리석 기둥을 지나올 때부터 탐탁지 않은 표정이었지요.

미리 광장 계단에 줄을 맞춰 앉아 있던 아이들은 그런 반응에 주눅이 들었습니다. 하지만 벼리는 더 당당하게 가슴을 폈습니다.

잘못된 이야기를 하려는 게 아니었으니까요. 벼리는 고개를 숙이고 있는 맑은눈이의 어깨를 쓰다듬고, 긴장해서 손톱을 뜯고 있는 번개눈이의 손을 잡아 주었습니다.

"괜찮아, 얘들아."

사실 지금 누구보다 떨리는 것은 벼리 자신이었습니다. 사람들에게 친구들의 의견을 잘 전달할 수 있을지 걱정되었습니다.

시간을 확인한 회장님이 광장 중앙에서 마이크를 잡았습니다.

"자, 다시 모이라고 해서 죄송합니다. 모두 오시느라 고생 많으셨습니다."

드디어 회의가 시작되었습니다.

"오늘 긴급회의는 외눈박이 초등학교 2학년들의 의견으로 소집되었습니다. 안건은 축제 공연 내용을 다시 정하자는 것이고요."

"아니! 우리 외눈박이 섬의 다수결은 대대로 이어져 온 유산 아닙니까? 다수결로 정해진 일은 한 번도 바꾼 적이 없거늘, 저런 어린애들이 뭘 안다고……. 쯧쯧!"

회장님의 말이 끝나자마자 호랑이 할아버지가 호통을 쳤습니다. 깜짝 놀란 아이들이 어깨를 움찔했습니다. 회장님은 단호한 목소리로 말했습니다.

"자, 우선 이 친구들의 의견을 먼저 들어 보고 이야기를 나눠 보도록 할까요? 벼리 어린이, 나와서 이야기해 주세요."

드디어 때가 되었습니다. 벼리는 그 어떤 발표를 할 때보다 떨렸습니다. 반장 선거에서 유세를 할 때와는 차원이 달랐습니다. 하지만 벼리는 누구보다 외눈박이 섬을 사랑했고, 이 섬이 더 좋은 곳이 되기를 바랐습니다. 벼리는 떨리지만 당당하게 단상으로 걸어갔습니다.

"아, 안녕하세요. 저는 벼리라고 합니다."

인사만 했는데도 식은땀이 흘렀습니다. 많은 사람들 사이에서 선생님이 응원해 주는 모습을 볼 수 있었습니다. 그제야 벼리는 긴장이 조금 풀렸습니다.

"저는 외눈박이 섬을 정말 사랑합니다. 그래서 오늘 이 자리에 나왔습니다. 저도 예전엔 다수결이 최고라고 생각했습니다. 그래서 정해진 것을 무조건 따라야 한다고 생각했습니다. 그런데 어느 날 누군가 제게 말했습니다. 다수결로 정해졌다고 모두 옳은 것도 아니고, 모든 일을 다수결로 정할 수도 없다고요."

벼리의 말에 광장이 술렁이기 시작했습니다. 여기저기서 수군댔고, 대놓고 혀를 차는 어른들도 있었습니다. 회장님은 말없이 벼리 말을 듣고 있었습니다.

"저도 처음엔 너무 충격을 받았고 받아들이기 힘들었습니다. 하지만 우리 반 친구인 햄스터 토리가 아프던 날, 우리는 그 말이 무엇인지 알았습니다."

그때, 맑은눈이가 자리에서 일어나 떨리는 목소리로 말했습니다.

"토리가 아프던 날, 저희는 토리를 어떻게 할지 다수결로 정하려고 했어요. 하지만…… 토리와의 추억들을 이야기하다 보니 도저히 그럴 수가 없었어요. 친구의 생명을 투표로 정할 수는 없더라고요."

맑은눈이의 말을 이어받아 벼리가 발표를 이어 갔습니다.

"그때 저희는 다수결로 결정할 수 없는 것도 있다는 걸 알게 됐습니다. 그리고 더 중요한 것을 깨달았습니다. 바로 대화입니다."

잠시 뒤, 번개눈이가 목발을 짚고 일어났습니다. 몹시 긴장했는지 짚고 있는 목발이 달달 떨렸습니다. 긴장을 풀려는 듯 번개눈이가 마른기침을 했습니다. 좀 진정이 됐는지 미리 준비해 온 말을 시작했습니다.

"토리를 병원에 데리고 가자는 의견과 토리를 더 힘들게 하지 말자는 의견이 있었습니다. 처음엔 서로 이해하지 못해 싸웠지만, 이야기하면서 모두 토리를 위하는 마음인 것을 알았습니다. 우리 손으로 토리를 돌봤고, 결국 토리는 다시 건강해졌습니다."

벼리는 아까 선생님이 그랬던 것처럼, 번개눈이에게 입모양으로 '잘했어!'라고 말해 주었습니다. 벼리는 다시 말을 이어 가려고 했는데 아까부터 불만이 많았던 호랑이 할아버지가 화를 내며 소리쳤습니다. 광장에 소리가 크게 퍼져서 마치 천둥이 치는 것 같았습니다.

"아니! 우리도 충분히 의견 받았고, 받은 의견으로 투표하는 거 아니야? 대체 이런 꼬맹이들 얘기를 왜 계속 들어야 하는 거야?"

"어, 그런 게 아니라……."

"우리가 지금까지 얼마나 잘 이끌어 왔는데! 우리가 해 온 것 중에 잘못된 것이 있다는 거야 뭐야? 다수결은 외눈박이 섬을 지켜 온 우리 유산이야!"

호랑이 할아버지는 벼리와 친구들의 말에 기분이

몹시 상한 것처럼 보였습니다. 지난 시간이 모두 잘못됐다고 하는 줄로 느낀 모양입니다.

맑은눈이는 놀라서 눈물을 터트리기 일보 직전이었고, 다른 친구들도 놀란 표정으로 벼리만을 바라보았습니다.

'아니, 그게 아닌데…… 저희들 말은…….'

벼리가 덧붙이려는데 호랑이 할아버지는 말할 틈을 주지 않았습니다. 그때 어디선가 벼리 할아버지 목소리가 들렸습니다.

"호랑이 영감, 은빛모래 해변을 벌써 잊은 거요?"

벼리는 깜짝 놀라 광장을 둘러싼 계단을 둘러보았습니다.

"아니, 그, 그건……."

갑자기 호랑이 할아버지 기세가 수그러들었습니다.

"은빛모래 해변을 관광지로 개발한 지도 벌써 30년이 다 됐구먼. 그 아름다웠던 해변이 쓰레기로 뒤덮인 지 30년이 됐다는 소리지."

벼리 할아버지가 잠시 말을 멈추고 주변을 돌아보았습니다.

"다들 그때 기억하는가? 관광지 개발로 많은 돈을 벌 수 있을 것이라는 의견과, 한번 훼손된 자연은 복구하기 어렵다는 의견이 대립했지. 다수결 투표를 했는데 아주 근소한 표 차이로 개발을 진행하게 됐고 말이야. 그때 섬을 떠난 사람들도 많았어. 그래서 지금 결과는 어떤가? '은빛모래 해변'이라는 이름이 무색하게 망가져 버리지 않았나? 우리는 그때 너무 급하게, 충분히 이야기를 나누지 않고, 그냥 투표만 했어. 한번 가 버리면 돌아오지 못하는 것들도 있지."

벼리 할아버지는 그 당시가 생각나는지 잠시 눈을 감았습니다. 그 누구도 할아버지 말에 끼어들지 않았습니다. 깊게 심호흡을 한 할아버지가 다시 말을 이었습니다.

"이 아이들도 우리와 같은 실수를 할까 봐 늘 그것이 걱정이었네. 하지만 이것 보게나. **스스로 질문을 던지고, 답을 찾으려고 하지 않나?** 다수의 선택이 모두 맞을 거라고 그냥 행동하는 어른들보다 훨씬 낫지 않나?"

할아버지 말이 끝나자 여기저기서 한숨 소리가 들렸습니다. 어른들은 은빛모래 해변의 아픔을 모두 기억하고 있었던 것입니다.

분위기를 바꾸려는 듯 벼리가 나섰습니다.

"저희는 막무가내로 다수결이 나쁘다고 말하는 게 아닙니다. 다수결이 없다면 우리는 회장도 뽑을 수 없을 것입니다. 저희는 대화를 통한 다수결이 필요하다고 생각합니다. 이번 축제 공연을 정할 때도, 소수의 의견을 충분히 들어 주고 이야기를 했다면 아쉬움이 남거나 속상하지 않았을 것입니다. 소수도 우리 섬사람들이고, 섬을 사랑하는 사람들입니다."

벼리는 달달 외우다시피 한 말을 또박또박 했습니다. 몇몇 어른들은 고개를 끄덕이기도 했습니다. 벼리는 왠지 모르게 마음이 뜨거워졌습니다.

회장님이 다시 단상에 올라서서 마이크를 잡았습니다. 그 후로 꽤 오랜 시간 회의가 이어졌습니다. 남녀노소 할 것 없이 모두 자유롭게 자신들의 생각을 이야기했습니다. 그리고 다시 한번 투표가 진행됐습니다.

모든 섬의 축제가 열리는 날이 밝았습니다. 올해 축제는 키가 큰 사람들이 모여 사는 거인 섬에서 대부분의 행사가 진행될 예정이었습니다.

공연단은 비행기를 타고 두 시간을 날아 거인 섬에 도착했습니다. 거인 섬의 모든 물건들과 표지판들은 길쭉길쭉하고 큼지막했습니다. 거인 섬의 큰 건물들 사이에 다양한 섬의 사람들이 모여 있으니, 그것만 봐도 재밌었습니다.

'강이도 왔을까? 여행을 좋아하니까 어쩌면 축제를 즐기러 왔을지도 몰라.'

벼리와 친구들은 재빨리 공연장으로 이동해야 했습니다. 다른 섬에 왔다는 기쁨을 만끽할 새도 없이 말입니다.

무대는 거인 섬의 무대답게 엄청나게 컸습니다. 운동장만 한 크기의 무대를 보고 나니 더 긴장이 됐습니다.

'우리는 너무 작은데 무대 때문에 우리가 눈에 전혀 안 띄면 어떡하지?'

벼리 생각을 읽기라도 한 듯이 맑은눈이가 다가와 툭 쳤습니다.

"벼리야, 걱정하지 말고 얼른 옷이나 갈아입으러 가자."

"그래!"

아이들은 공연복을 가지고 대기실로 들어갔습니다.

"자, 그럼 올해의 섬마을 축제를 시작하겠습니다!"

사회자의 선언이 끝나자 환호가 이어졌습니다.

무대 뒤편에서는 바깥 상황을 알 수 없어서 더 긴장되었지만 벼리는 연습한 대로만 하자고 마음먹었습니다. 친구들도 떨리는지 계속해서 동작을 맞춰 보았습니다. 외눈박이 섬의 공연은 세 번째 순서였습니다.

"그럼 지금부터 외눈박이 섬의 무대를 보겠습니다!"

조명이 꺼지고, 느릿느릿한 음악이 나오고, 어른들이 사뿐한 걸음으로 무대로 걸어 나왔습니다. 어른들은 팔을 양 옆으로, 위아래로 흔들면서 전통 무용을 추었습니다. 선생님의 말처럼 선이 아름답고 부드러웠습니다. 관객들도 외눈박이 섬의 전통 무용에 푹 빠진 것 같았습니다.

벼리와 친구들이 나갈 차례가 가까워지고 있었습니다. 선생님이 아이들에게 손으로 신호를 보냈습니다.

"우리 최선을 다하자! 아자아자. 파이팅!"

벼리와 아이들이 손을 맞잡았습니다.

잠시 후, 전통 무용 노래의 박자가 서서히 빨라지더니 갑자기 새로운 노래로 바뀌었습니다. 번개눈이가 버튼을 누른 뒤 손가락으로 박자를 맞추었습니다.

벼리와 친구들이 무대 위로 올라가자, 외눈소년단의 노래가 울려 퍼졌습니다. 처음엔 긴장한 표정으로 춤을 추던 아이들도 점점 표정이 풀리더니 즐기면서 춤을 추었습니다.

또 잠시 후엔, 외눈-팝과 외눈박이 섬의 전통 음악을 편곡한 음악이 흘러나왔습니다. 전통 복장을 한 어른들과 요즘 유행하는 옷

을 입은 아이들이 함께 춤을 추었습니다. 느리면서도 빠른 노래, 옛것이면서도 현대적인 춤, 전통적이면서도 현대적인 옷……. 이 모든 것이 한데 어우러져 있었습니다. 모두가 행복한 표정이었고, 뜨거운 조명 때문인지 얼굴이 발갛게 상기되어 있었습니다.

  외눈박이 섬의 공연이 끝나자 엄청난 박수 소리가 들렸습니다. 벼리는 관객석을 향해 허리를 깊이 숙여 인사했습니다. 긴장이 풀린 탓인지 그제야 관객들을 제대로 볼 수 있었습니다. 사다리 위에 앉아 공연을 보는 소인 섬사람들, 큰 손바닥으로 천둥처럼 큰 소리의 박수를 쳐 주는 거인 섬사람들…….

  지금 이곳에는 소수도 없고 다수도 없이 다양함만 있었습니다. 그리고 그 사이에 있는 강이가 보였습니다. 온 힘을 다해 박수를 치면서 벼리에게 잘했다고 소리치고 있었습니다. 벼리도 강이에게 손을 흔들어 답했습니다. 이 무대에 오를 수 있게 도와준 강이에게 보내는 감사 인사였습니다.

만일 나라면?

전통 춤을 추다가 외눈소년단 춤으로 바꾼 건 멋진 결정이었어.

공연이 잘 끝난 것도 좋지만 어른들이 아이들의 말을 듣고 결정을 바꾼 것이 더 멋진걸.

다수가 소수의 다름을 인정하고 존중할 때 다수의 선택이 가치를 갖는 것이란다. 소수도 다수의 선택을 인정하고 존중할 테니까.

망가진 은빛모래 해변을 어른들도 기억하고 있기 때문이지.

뭉치네 반에서는 내일 여러 가지 것들을 학생들 스스로 결정하는 학급 회의를 한다는구나.

학급 회의

① 2학기 학급 자치회 회장을 누가 맡을 것인가?

② 다음 주에 있을 반 대항 달리기 대회에 누가 반 대표로 출전할 것인가?

③ 반 친구들이 함께할 봉사 활동 장소를 어디로 결정할 것인가?

④ 점심 급식을 먹는 순서를 어떻게 결정할 것인가?

이 중 다수결로 결정할 수 없는 것이 무엇이라고 생각하니? 그 이유는 무엇일까?

외눈박이 섬사람들에게 편지 쓰기

벼리 할아버지 말씀처럼 외눈박이 섬 은빛모래 해변은 망가져 버렸습니다. 30년 전 다수결 투표에 따라 관광지로 개발하기 시작한 후 벌어진 일이지요. 30년 전에도 은빛모래 해변을 보호해야 한다는 소수의 목소리가 있었지만 다수의 의견을 따라야 했습니다. 하지만 지금은 외눈박이 섬사람 대부분이 아름다웠던 은빛모래 해변을 그리워하고 있습니다.

이제 여러분이 투표를 앞둔 30년 전 외눈박이 섬사람들에게 편지를 써 보세요. 다수결을 내리기 전 꼭 들려주고 싶은 이야기를 쓰고 그림을 그려 보세요.

외눈박이 섬사람들에게

30년 후 _____ 보냄

변해 버린 은빛모래 해변 그림을 함께 보냅니다.

200만 부 판매 돌파!

AI 시대 미래 토론

✅ 뭉치북스가 만든 국내 최초 토론책!   ✅ 초등 국어
✅ 한국디베이트협회와 교

- 01 함께 사는 로봇
- 02 원시인도 모르는 공룡
- 03 더 멀리 더 높이 더 빨리 스포츠 과학
- 04 까만 우주 속 작은 별
- 05 노벨도 깜짝 놀란 노벨상
- 06 지켜라! 멸종 위기의 동식물
- 07 도로시의 과학 수사대
- 08 살아 있는 백두산
- 09 콜록콜록! 오늘의 황사 뉴스
- 10 앗! 이런 발명가, 와! 저런 발명품
- 11 아낄수록 밝아지는 에너지
- 12 과학 Cook! 문화 Cook! 음식의 세계
- 13 과학을 훔친 수상한 영화관
- 14 끝없이 진화하는 무서운 전염병
- 15 지구 온난화와 탄소배출권
- 16 먹을까? 말까? 먹거리 X파일
- 17 우리 몸을 흐르는 피와 혈액형
- 18 진짜? 가짜? 가상현실과 중강현실
- 19 두근두근 신비한 우리 몸속 탐험
- 20 우리를 위협하는 자연재해
- 21 봄? 가을? 경계가 모호해지는 사계절
- 22 세균과 바이러스 꼼짝 마! 약과 백신
- 23 생태계의 파괴자? 외래 동식물
- 24 콸콸콸~ STOP!!! 우리나라도 위험해요, 소중한 물
- 25 오늘도 나쁨! 작아서 더 무서운 미세먼지
- 26 식량 위기에서 인류를 구할 미래 식량
- 27 썩지 않는 플라스틱! 지구와 인간을 병들게 하는 환경 호르몬
- 28 나와 똑같은 또 다른 나, 인간 복제
- 29 미래의 디지털 첨단 의료
- 30 땅속 보물을 찾아라! 지하자원과 희토류
- 31 농사일부터 우주 탐사까지, 미래는 드론 시대
- 32 알쏭달쏭 미지의 세계, 뇌
- 33 얼마나 작아질까? 어디까지 발달할까? 나노 기술과 첨단 세계
- 34 찾아라! 생명체가 살 수 있는 또 다른 별, 제2의 지구
- 35 배울수록 더 강해지는 인공 지능
- 36 창조론이냐? 진화론이냐?
- 37 다윈이 들려주는 진짜진짜 진화론
- 38 모두모두 소중한 생명! 멈춰요 동물 실험
- 39 유해할까!? 유용할까!? 생활 속 화학 물질
- 40 46억 년의 비밀, 생명을 살리는 지구
- 40 과학자가 가져야 할 덕목, 과학자 윤리와 책임

인재를 위한 과서

과학토론왕
과학토론왕 40권 + 독후활동지 40권
전 80종 / 정가 580,000원

사회토론왕
사회토론왕 40권 + 독후활동지 40권
전 80종 / 정가 580,000원

- 한우리 추천도서
- 경향신문 추천도서
- 경기도 초등토론 교육연구회 추천
- 경기도 지부 독서 골든벨 선정도서
- 환경정의 어린이 환경책 권장도서
- 한국 아동문학인협회 우수도서
- 학교도서관 사서협의회 추천도서

서 선정 도서! ✓활용 만점 독후 활동지 각 권 제공!
문가들이 강력 추천한 책!

01 우리 땅 독도	13 바람 잘 날 없는 지구촌 국제 분쟁	24 우리는 이웃사촌! 함께 사는 사회	33 뚜야뚜야별의 법을 부활시켜라!
02 생활 속 24절기	14 믿음과 분쟁의 역사 세계의 종교	25 들린 게 아니라 다른 거라고? 글로벌 에티켓	34 생활 속 법 이야기
03 세계를 담은 한글	15 인공 지능으로 알아보는 미래 유망 직업	26 신통방통 지혜가 담긴 우리의 세시 풍속과 전통 놀이	35 하늘·땅·바다 어디서나 조심조심! 어린이를 위한 교통안전
04 정정당당 선거	16 지역 이기주의 님비 현상	27 출발, 시간 여행! 유네스코 세계 문화유산	36 함께 만들어요! 함께 누려요! 모두의 사회 복지
05 우리의 유네스코 세계 유산	17 더불어 사는 다문화 사회	28 아이는 줄고! 노인은 늘고! 달라지는 인구	36 위아더월드, 도움의 손길이 필요해요.
06 좋아? 나빠? 인터넷과 스마트폰	18 함께 사는 세상 소중한 인권	29 우리는 하나! 세계로! 미래로! 통일 한국	37 세계 빈곤 아동
07 함께라서 좋아! 우리는 가족	19 세계를 사로잡은 문화 콘텐츠 한류	30 레볼업? 셋다운? 슬기로운 게임 생활, 벗어나요 게임 중독	38 환경 덕후 오충사가 간다, 지켜라! 지구 환경
08 한민족, 두 나라 여기는 한반도	20 변치 않는 친구 반려동물	31 살아 있어 행복해! 곁에 있어 고마워! 소중한 생명	39 전쟁 NO! 평화 YES! 세계를 이끄는 힘, 국제기구
09 너도 나도 똑같이 생명 존중	21 왕따는 안 돼! 우리는 소중한 친구		39 더 멀리, 더 빠르게! 미래 교통과 통신
10 돈 나와라 뚝딱! 경제 이야기	22 여자? 남자? 같은 것과 다른 것! 성과 양성평등	32 나도 크리에이터! 시끌벅적 1인 미디어 세상	40 알아서 척척, 똑똑한 미래 도시, 꿈의 스마트 시티
11 시끌시끌 지구촌 민족 이야기	23 모두가 행복한 착한 초콜릿, 아름다운 공정 무역		
12 앗! 조심해! 나를 지키는 안전 교과서			

{ 경기도 사서협의회 추천도서 } { 한국교육문화원 추천도서 } { 아침독서 추천도서 }

100만 부 판매 돌파!

수학이 쉬워지고, 명작보다 재미있는
뭉치수학왕

"인공지능(AI) 시대의 힘은 수학에서 나온다!"

개념 수학

〈수와 연산〉
1. 양치기 소년은 연산을 못한대
2. 견우와 직녀가 분수 때문에 싸웠대
3. 가우스, 동화 나라의 사라진 0을 찾아라
4. 가우스도 소수 대결로 마녀들을 물리쳤어
5. 앨런, 분수와 소수로 악당 히들러를 쫓아내라
6. 약수와 배수로 유령 선장을 이긴 15소년

〈도형〉
7. 헨젤과 그레텔은 도형이 너무 어려워
8. 오일러와 피노키오는 도형 춤 대회 1등을 했어
9. 오일러, 오즈의 입체도형 마법사를 찾아라
10. 유클리드, 플라톤의 진라를 찾아 도형 왕국을 구하라
11. 입체도형으로 수학왕이 된 앨리스

〈측정〉
12. 쉿! 신데렐라는 시계를 못 본다

13. 알쏭달쏭 알라딘은 단위가 헷갈려
14. 아르키는 어림하기로 걸리버 아저씨를 구했어
15. 원주율로 떠나는 오디세우스의 수학 모험

〈규칙성〉
16. 떡장수 할머니와 호랑이는 구구단을 몰라
17. 페르마, 수리수리 규칙을 찾아라
18. 피보나치, 수를 배열해 비밀의 방을 탈출하라
19. 비례배분으로 보물섬을 발견한 해적 실버

〈자료와 가능성〉
20. 아기 염소는 경우의 수로 늑대를 이겼어
21. 파스칼은 통계 정리로 나쁜 왕을 혼내 줬어
22. 로미오와 줄리엣이 첫눈에 반할 확률은?

〈문장제〉
23. 개념 수학–백점 맞는 수학 문장제①
24. 개념 수학–백점 맞는 수학 문장제②
25. 개념 수학–백점 맞는 수학 문장제③

융합 수학

26. 쌍둥이 건물 속 대칭축을 찾아라(건축)
27. 열차와 배에서 배수와 약수를 찾아라(교통)
28. 스포츠 속 황금 각도를 찾아라(스포츠)
29. 옷과 음식에도 단위의 비밀이 있다고?(음식과 패션)
30. 꽃잎의 개수에 담긴 수열의 비밀(자연)

창의 사고 수학

31. 퍼즐탐정 썰렁홈즈①–외계인 스콜피오스의 음모
32. 퍼즐탐정 썰렁홈즈②–315일간의 우주여행
33. 퍼즐탐정 썰렁홈즈③–뒤죽박죽 백설 공주 구출 작전
34. 퍼즐탐정 썰렁홈즈④–'지지리 마란드라' 방학 숙제 대작전
35. 퍼즐탐정 썰렁홈즈⑤–수학자 '더하길 모테'와 한판 승부

36. 퍼즐탐정 썰렁홈즈⑥–설국언차 기관사 '어러도 달리능기라'
37. 퍼즐탐정 썰렁홈즈⑦–해설 및 정답

수학 개념 사전
38. 수학 개념 사전①–수와 연산
39. 수학 개념 사전②–도형
40. 수학 개념 사전③–측정·규칙성·자료와 가능성

독후 활동지

본책 40권+독후 활동지 7권
정가 580,000원